AF262455

DISCOURS

PRONONCÉ le 16 Mars 1789, à l'ouverture de l'assemblée des trois ordres réunis du Bailliage de Montargis-le-Franc, par M. le Comte DE LA TOUCHE, *Chancelier de S. A. S. Monseigneur* LE DUC D'ORLÉANS, *& Grand-Bailli-d'Epée dudit Bailliage.*

————

————

1789.

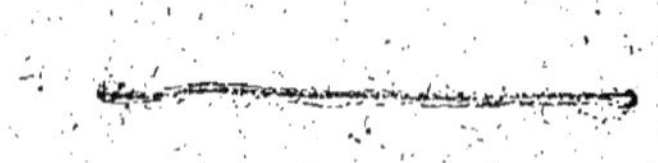

DISCOURS

PRONONCÉ le 16 Mars 1789, à l'ouverture
de l'assemblée des trois ordres réunis du
Bailliage de Montargis-le-Franc, par M. le
Comte DE LA TOUCHE, Chancelier de S. A.
S. Monseigneur LE DUC D'ORLÉANS, &
Grand-Bailli-d'Epée dudit Bailliage.

MESSIEURS,

LA FRANCE, vous le savez, n'avoit eu jusqu'ici qu'un gouvernement, c'est-à-dire, une
administration tantôt foible, tantôt énergique,
& variée comme ses maîtres : mais le ciel nous
accorde enfin un prince qui veut nous donner

une conftitution, afin que la profpérité publique ne dépende plus du hafard d'un bon ou mauvais Roi, qui, dans les chefs qu'il donne à une nation avancée, contrarie fi fouvent la marche de l'efprit humain, & préfente ainfi habituellement l'image d'un gouvernement qui décroît au fein d'un peuple qui s'agrandit, & le trifte fpectacle du trône éclipfé au milieu des lumières.

Louis XVI, guidé par cet heureux inftinct, que nous appellerions du génie, fi nous ne craignions de dérober quelque chofe à fon cœur, eft le premier Roi qui ait fenti ce point de la maturité de fon empire : il a vu que le defpotifme avoit, pour ainfi dire, dévoré fon patrimoine ; que tout gouvernement devenoit, à la longue, foible & dur, lorfqu'ayant plus de volontés que d'idées, il vouloit trop gouverner un grand peuple dont il avoit plus calculé les reffources que les progrès : il s'eft apperçu que de même que la nature n'a point confié au génie de l'homme les détails & l'économie intime de fon corps, mais feulement fa confervation extérieure ; il y avoit aussi, dans les états, un mécanisme d'administration intérieure qu'on devoit abandonner à lui-même ; parce que toute proportion entre le cabinet & l'état étoit rompue, & qu'il falloit enfin suivre & non précéder ceux qui marchoient plus vîte que nous. Le *déficit* des finances, sur-tout, accusant le vice d'un gouvernement où la nation n'étoit comptée pour rien, a servi de prétexte éclatant à la bonté du Roi, & il a dit à ses peuples : « *Je vous* » *appelle autour de moi, puisque j'en ai le* » *droit, & vous sauverez l'État, puisque vous* » *en avez le pouvoir; car si l'autorité est en* » *moi, la puissance est en vous* ». C'est ainsi jaloux de nous donner ce que nous aurions été contraints d'arracher à ses successeurs, il a secondé la nature des choses : cette puissance éternelle que tout favorise & que rien n'arrête, & qu'il a fondé sa gloire sur cette opinion publique si constamment fatale à la gloire des Rois.

Tout avoit préparé cette révolution ; car sans trop remonter dans l'histoire, on sait que nous

A 4

avons eu d'abord une constitution vicieuse, à la
vérité, puisque c'étoit l'aristocratie féodale ; mais
elle n'arrêtoit point les efforts du gouvernement,
& on les vit toujours marcher en raison inverse
l'un de l'autre ; de sorte que l'époque du plus
grand accroissement de la féodalité, fut celle du
plus grand affaissement de la monarchie ; &
lorsqu'après une lutte de 600 ans, la royauté,
soutenue par le tiers-état des villes, est montée
à une si grande élevation, que la noblesse éclip-
sée a été trop heureuse de venir se perdre dans
les rayons du trône ; alors nous avons eu un
gouvernement, mais que l'on ne peut appeller
une constitution.

Si un état de choses tel que le système féo-
-dal où le Roi a été compté pour peu, & de
-peuple des villes & des campagnes pour rien,
n'a pu subsister, la réunion des parlemens, de
la noblesse & du roi contre ce même peuple des
villes & des campagnes, ne pouvoit durer non
plus, à moins que le despotisme ne se donnât
lui-même un frein, ou que le peuple ne restât

dans ses anciennes bornes. Ni l'un ; ni l'autre n'étoient dans la nature ; le despotisme & la nation sont sortis à la fois de leurs limites : le gouvernement s'est obéré, les sujets se sont éclairés ; & l'on ne peut se dissimuler que les livres & les finances ont accéléré cette révolution. Le ministere ayant cessé de s'adresser aux parlemens , & de les associer à la répartition des impôts , ceux-ci ont renoncé d'eux-mêmes au rôle d'un tuteur indiscret , qui signe la ruine de son pupille. Le Roi profitant de leur aveu , a déclaré qu'il vouloit s'entourer de son peuple. C'est dans ces circonstances, messieurs, que nous venons , d'après sa parole , non au secours du Roi, comme jadis , mais au secours de l'état.

Une crainte , messieurs , vient me saisir au milieu de tant de sujets de joie : je tremble qu'une nation aussi éclairée , appellée à se guérir de ses propres mains , ne se rende inutile le bienfait du tems & les intentions du Roi, faute de concorde & d'union : je crains, s'il est permis de le dire , que nous n'ayons fait que

des avances d'esprit sur la chose publique, &
que nous ne devenions un jour un objet de dé-
rision pour nos voisins, comme nous pourrions
être en ce moment le sujet de leur inquiétude.
Quel est en effet, messieurs, cette discorde qui
s'éleve dans quelques provinces, & même à Pa-
ris, entre la noblesse & le tiers-état des villes ?
Elle ne tend à rien moins qu'à nous rendre in-
capables, & par conséquent peu dignes d'une
constitution. Eh ! quoi, nous nous divisons
avant que de nous réunir ? & nous disputons sur
de foibles accessoires avant d'avoir obtenu le
principal.

Je conviens, avec la noblesse, que le ministere a parlé dans ce moment avec amour &
prédilection au tiers-état des villes, tandis que
l'habitant des campagnes, le fermier, le simple
laboureur, réclamoient plus spécialement sa ten-
dresse ; parce qu'en dernier résultat, l'ordre
des paysans est le pivot sur lequel roule plus di-
rectement l'immensité des impôts. Je sais qu'il y
a dans le royaume un certain ordre de bourgeois

(9)

qui ont affez de prérogatives pour qu'ils puiffent
former une ligne proportionnelle entre les nobles & les payfans. Je conviens auffi que le fimple
fermier ne voyant dans les corvées & dans les
impôts que ce qu'ils lui coûtent en argent, n'eft
point comme le bourgeois jaloux de la nobleffe.
Mais c'eft cette même jaloufie des bourgeois
pour vos privileges honorifiques, qui en affure à
jamais la durée dans un royaume où tout a une
tendance irréfiftible vers les honneurs & les dif-
tinctions, où tout citoyen s'enrichit pour s'an-
noblir, comment la nobleffe auroit-elle quelque
chofe à craindre ? Elle eft entrée, pour ainfi
dire, dans l'organifation de l'état ; elle eft auffi
dans le cœur humain, puifque dans les démocra-
ties les plus pures, telles qu'Athenes & Rome,
la nobleffe fut une maladie incurable. Commen-
çons, meffieurs, par nous répartir avec égalité
le fardeau des impofitions, & il paroîtra alors
fi le tiers-état des villes cherche à nous dépouil-
ler de nos honneurs, ou seulement à une durée fta-

Quand le payfan verra fon feigneur attaché au

même joug que lui, souffrira-t-il qu'on lui en-
vie de vaines prérogatives ? Quoi qu'il en soit,
messieurs, ce n'est qu'en frémissant que je le
prononce ; si les paysans, les bourgeois & les
nobles se divisent, nous serons, messieurs, à la
veille d'une guerre civile, lorsqu'on nous croyoit
près de notre régénération : les affaires du moins
tomberoient dans une stagnation ou dans une
crise assez longue pour que le Roi, qui vous
supplieroit en vain de statuer des secours, se vît
forcé de manquer à ses engagemens, & alors,
messieurs, la banqueroute & tout ce que ce
mot entraîne d'effrayant, de méprisable & d'hu-
miliant, deviendroit notre ouvrage, & nous ne
nous serions assemblés que pour couvrir la France
d'un opprobre éternel, que pour rompre toutes
les digues du despotisme, & lui livrer la nation
désarmée. Car, s'il est vrai que la nécessité de
remplir ses engagemens, ait fait germer dans le
sein du Roi le vœu sacré des états généraux, il
est évident que la dette nationale est le bouclier
de la liberté publique. Cette considération est

bien faite pour nous alarmer : le tems preſſe &
commande : hélas ! nous n'avons déjà que trop
diſputé ſur cette diviſion des trois ordres, & ſur
quelques autres acceſſoires ! Que penſerions-
nous, meſſieurs, de quelques eſclaves qui, char-
gés de fers & flétris de tous les ſtigmates de la
ſervitude, ſi on leur offroit tout-à-coup la liberté, diſputerpient ſur la manière de quitter
leurs chaînes ? Un jour la poſtérité aura peine à
croire que nous diſſertons aujourd'hui, ſur des
formes, & elle en rougira pour nous. Ah ! ſi la
cour étoit mal intentionnée, combien nous la
réjouirions de nos inſenſés débats ! . . . . . Mais
ſa bonne intention, ſans doute, réſiſte à l'inquiétude d'eſprit dont nous ſommes poſſédés,
& le Roi attend avec anxiété, que la fin de nos
diſcordes nous permette d'entendre ſa voix.
Souffrez donc, meſſieurs, que je vous en con-
jure au nom des vertus de notre monarque, au
nom de cette vieille ſervitude qui nous a tenu
dans une ſi longue enfance, & de cette liberté
politique qui nous appelle pour nous regénérer

& nous faire hommes ; assemblons-nous , messieurs , dans le recueillement & l'union qu'exigent de si hauts intérêts. Il s'agit de constituer une grande nation. Des hommes peuvent-ils être revêtus d'un plus saint ministere ? Assemblons-nous pour sonder les plaies de la patrie ; pour venir au secours d'un vaste royaume abandonné à des mains inhabiles & sans force , & dont l'heureuse complexion a jusqu'ici résisté aux plus désastreux régimes. Assemblons-nous pour assurer notre liberté individuelle & notre propriété , en proposant de rendre responsables tous ceux qui , au mépris de la loi qui sera sans doute portée , tenteroient , en vertu de prétendus pouvoirs à eux donnés par l'autorité , d'y porter atteinte de quelque maniere que ce puisse être. Cette loi si souhaitée , si désirable , est le seul frein que l'on puisse opposer aux abus d'autorité exercés depuis quelques tems par les ministres ; mais avant de nous occuper de si grands, de si chers intérêts , il faut nous réunir dans ce même esprit , & cela sera si nous n'avons tous qu'un même cœur.

Messieurs, l'état attend de nous son salut : le Roi nous a porté des plaintes douloureuses ; ne soyons ni gentilshommes, ni prêtres, ni bourgeois, soyons FRANÇOIS. Travaillons de concert pour le bonheur de nos descendans, & méritons qu'en bénissant notre mémoire, ils nous envient l'honneur d'avoir assisté au premier acte de cette grande solemnité dont notre sagesse va fixer les retours périodiques. Secondons un bon Roi qui doit partager notre impatience ; & sauvons-le lui-même du cruel affront d'avoir, aux yeux de l'univers, inutilement entrepris le grand œuvre de notre liberté.